AF363567

# LA
# PARTIE DE CHASSE,

OU

# LA SÉDUCTION,

BALLET-PANTOMIME EN TROIS ACTES,

## PAR M. LÉON,

MAÎTRE DE BALLET DU GRAND-THÉATRE DE LYON,

### Musique de M. Crémont.

REPRÉSENTÉ POUR LA PREMIÈRE FOIS, SUR LE GRAND-THÉATRE DE LYON,
LE 25 FÉVRIER 1834.

## Lyon.

IMPRIMERIE DE LÉON BOITEL,

QUAI SAINT-ANTOINE, N° 36.

1834.

| PERSONNAGES. | ACTEURS. |
|---|---|
| Le comte Frédérick de Saldorff. . . . | MM. Finart. |
| Büller, riche fermier. . . . . . . . | Revilly. |
| Carl, fiancé d'Emma. . . . . . . . | Martin. |
| Péters, prétendu de Louise. . . . . . | Charrière. |
| Emma, fille de Büller. . . . . . . | Med. Lecomte· |
| La comtesse de Saldorff, mère de Frédé- | |
| rick. . . . . . . . . . . . | J. Nique. |
| Louise, sœur d'Emma. . . . . . . | E. Guillermain. |
| Laurenza, fiancée du comte. . . . . | Caroline. |
| Rodolphe, page du comte. . . . . . | Anetta. |
| | Hélène. |
| Deux jeunes villageoises. . . . . . . | Tonine. |

Seigneurs, paysans, paysannes, piqueurs, chasseurs, valets, etc.

La Scène est en Allemagne.

# LA
# PARTIE DE CHASSE.

## ACTE PREMIER.

*Le théâtre représente l'entrée d'une forêt, au fond une monta-
gne; à droite, le ferme du Büller.*

### SCÈNE PREMIÈRE.

Emma, la jolie fille du fermier Büller, vient d'être fiancée
au jeune villageois Carl, dont elle est adorée. Cet hymen qui va
combler les vœux de son père et de l'heureux amant, est pour la
pauvre Emma un douloureux sacrifice. Elle aime en secret un jeune
seigneur; mais, soumise à ses devoirs, elle s'efforcera d'oublier
sa fatale passion; elle va donner sa main à un autre... Pourra-t-elle,
hélas! lui donner son cœur!

Carl semble lui reprocher tendrement de ne point partager sa
joie; Büller vient mêler ses instances à celles de son gendre; le bon
fermier veut que tout le monde soit heureux, que la franche gaîté
préside aux fiançailles de sa fille chérie; il a rassemblé tous les
villageois du canton, et tous viennent féliciter les nouveaux époux
et célébrer leur bonheur par des jeux et par des danses animées.

D'un autre côté, tandis que Carl et Büller se livrent au bonheur,
un amant bien épris, Péters, le bon Péters, honnête garçon, es-
timé de Büller, se plaint naïvement des rigueurs de Louise, la se-

conde fille du fermier. Louise ne haït point Péters, mais cependant elle ne veut rien promettre ; car, outre une simplicité qui pourrait s'appeler de la niaiserie, Péters a le malheureux défaut d'être d'une jalousie insupportable. Aussi, lassé de se plaindre inutilement, le pauvre amoureux va-t-il bouder dans un coin, ce qui lui attire une leçon de la part de Büller, qui semble le gronder fortement. Les jeunes filles viennent l'engager à danser. Il s'y refuse. L'une d'elles lui demande le bouquet qu'il tient à la main ; il n'a garde de le donner, et l'offre à l'ingrate Louise, qui, pour le tourmenter, feint de n'en pas vouloir. Péters, furieux, effleure le bouquet sans y songer, ce que voyant la maligne jeune fille, elle va timidement lui redemander le bouquet. Péters est au comble de la joie... mais quelle est sa confusion lorsqu'il s'aperçoit qu'il ne reste plus une seule fleur. Toutes les jeunes filles se moquent de lui. Il se fâche et éclate en nouveaux reproches contre Louise.

## SCÈNE II.

A cet instant paraît Rodolphe, jeune page du comte de Saldorff ; il vient, dit-il, prévenir Büller que son maître, chassant dans la forêt, a le dessein de s'arrêter à la ferme. Cependant aux signes d'intelligence qu'il fait à Emma, et surtout à l'air embarrassé de la jeune fille, on voit que c'est pour elle seule qu'il vient.

Tout entier à l'honneur de recevoir son seigneur, Büller donne ses ordres aux villageois ; d'abord il faut faire rafraîchir le messager il charge Péters d'aller à la ferme ; mais le jaloux a déjà cru surprendre un coup-d'œil séducteur adressé à sa Louise, et il ne se détermine à quitter la place que lorsque Louise a consenti à l'accompagner.

Büller est partout ; il se multiplie ; et, voulant veiller lui-même à l'exécution de ses ordres, il emmène Péters, et en s'excusant de son mieux auprès du page de monseigneur, il engage Emma à lui tenir compagnie.

## SCENE III.

Resté seul avec Emma, le page veut s'acquitter de sa commission et lui remettre une lettre du comte. Emma réfusé, Rodolphe lui trace avec feu le tableau du désespoir de son maître ; la pauvre enfant va se laisser attendrir ; mais la voix impérieuse du devoir se fait entendre et elle demeure inflexible. Le rusé page a vu son hésitation; il laisse tomber aux pieds d'Emma la lettre qu'il tient à la main, et court au devant de Louise qui précède de quelques pas son jaloux adorateur. Rodolphe qui a déjà remarqué les attraits de la charmante villageoise, s'empresse de lui parler d'amour et veut lui ravir un baiser. Louise se défend de son mieux, et est prête à succomber. En ce moment paraît l'infortuné Péters!... qu'on se figure sa stupéfaction, sa fureur muette! les rafraîchissemens qu'il portait échappent de ses mains. Il ne pense plus qu'à accabler Louise de ses reproches; mais la perfide et le page entreprenant se moquent de lui et redoublent sa fureur. Ils s'amusent même à le lutiner, et le jeu paraît ne pas déplaire à Rodolphe, qui parvient à embrasser Louise à la barbe même de son jaloux. Le pauvre Péters va s'en plaindre à Carl et à Emma, qui, tout entiers à leur amour, ne l'écoutent même pas.

Le son du cor se fait entendre au loin et indique l'approche de la chasse.

## SCÈNE IV.

Büller reparaît avec les villageois chargés de fleurs et de fruits qui préparent un repas digne de l'hôte illustre qu'ils attendent.

Le son du cor se fait entendre plus distinctement. Quelques chasseurs paraissent déjà sur la montagne.

Büller redouble d'activité; mais il ne peut retenir la curiosité des villageois qui, presque tous, s'échappent pour aller voir la chasse, ce n'est qu'à grand' peine qu'il force les autres à rester à la ferme, de ce nombre sont Carl et Peters.

## SCÈNE V.

Les chasseurs paraissent dans le fond; Emma restée seule monte sur la colline pour jouir du tableau animé de la chasse, peut-être pour voir encore une fois celui qu'elle ne doit plus aimer. Mais le son éclatant des fanfares annonce que les chasseurs sont sur la trace du cerf; en effet l'animal traverse le théâtre; il est poursuivi par Frédérick, qui apercevant Emma, abandonne à d'autres la gloire de vainqueur de la chasse pour accourir auprès de la jolie villageoise.

## SCÈNE VI.

Pressée par les instances du comte, Emma veut s'échapper ; elle lui parle de ses devoirs , du nœud sacré qui va l'unir à un autre. Ces obstacles redoublent la passion de Frédérick ; il renouvelle ses sermens , invoque la foi promise , et veut arracher un baiser pour gage de l'amour qu'il réclame. Emma se défend et veut s'enfuir. Carl paraît.

## SCÈNE VII.

Au trouble de sa fiancée, à l'agitation du Comte, Carl a deviné la vérité et son respect pour son seigneur l'empêche de lui repro_ cher son odieuse conduite. Pour soustraire Emma à de nouvelles persécutions , il presse le comte d'entrer chez Büller qui l'attend. Frédérick refuse et témoigne qu'il va retourner à la chasse ; mais il ne partira pas sans féliciter les deux époux sur leur commun bonheur , qu'en secret il espère troubler , car en s'éloignant il semble se promettre de revenir bientôt.

## CÈNE VIII.

Un pénible soupçon a troublé la joie de l'amoureux Carl , mais les doux sermens de sa jeune fiancée ne tardent pas à le rassurer.

Le bruit de la chasse n'a pas cessé de se faire entendre. On voit reparaître le cerf aux abois , poursuivi par Frédérick , à qui l'honneur de l'abattre est réservé. De bruyantes fanfares saluent le vainqueur ; chacun s'empresse de rendre hommage à l'adresse du Comte.

## SCÈNE IX.

Le Comte conduit par son page , vient se reposer dans l'habitation de Büller , qui ne sait comment reconnaître l'honneur que son seigneur daigne lui faire. Carl et Emma paraissent ne point partager la joie du fermier et se tiennent à l'écart , mais Frédérick les oblige à prendre place auprès de lui à la table que l'on vient de dresser. Pendant ce temps , Rodolphe qui a retrouvé la charmante Louise , essaie de reprendre la tendre conversation que la jalousie de Péters est venue interrompre ; mais il faut y renoncer encore. Le soupçonneux Péters est toujours là !

Pour fêter le noble seigneur, les villageois exécutent des dan
ses pittoresques de leur pays. — (*Divertissement.*)

## SCÈNE X.

Les plaisirs de la danse ont fait oublier les approches de la nuit,
mais le Comte annonce qu'il se retire et donne le signal du départ;
cependant il est facile de voir qu'il a formé le projet de revenir.

Avant de se séparer Carl a pris à l'écart la sœur de sa fiancée et
la prie de revenir quand tout le monde sera parti ; il veut lui remettre les jolis présens qu'il destine à sa prétendue et qu'elle doit
lui donner le lendemain à son réveil. Louise y consent ; mais elle
n'a pas remarqué Péters qui l'observait et dont l'aveugle jalousie
est déjà alarmée. Louise et Carl qu'il interroge ne font que rire de
sa folie.

Büller accompagne son seigneur avec le plus grand respect, dit
un adieu à son gendre et rentre à la ferme avec ses deux filles.
Tous les villageois s'éloignent.

## SCÈNE XI.

Péters seul est resté, espérant voir encore sa Louise, mais
comme il faut y renoncer, il se décide à regagner le logis, lorsqu'un bruit léger vient éveiller son attention, peut-être sa jalousie.
Il se cache et observe.

## SCÈNE XII.

Le comte reparaît ; il est suivi de quelques domestiques qu'il
fait cacher avec précaution ; tout est silencieux ; il s'approche de
la maison du fermier. Emma, en sort ; Frédérick s'élance au devant
d'elle. Effroi de la jeune fille, elle veut fuir ; mais auparavant elle
veut rendre au comte la lettre que le page avait laissé tomber à ses
pieds et qu'elle a été contrainte de ramasser.

Péters demeure pétrifié d'étonnement.

Mais le séducteur ne se rebute pas ; il renouvelle à Emma ses
tendres sermens, lui rappelle ses promesses, lui peint le plus violent désespoir. La pauvre jeune fille ne peut résister à tant d'amour ;
ses yeux ne disent que trop qu'il est partagé. L'heureux comte voit
son triomphe et veut en profiter. Il ose proposer à Emma une fuite

honteuse. L'idée du déshonneur de son père a rappelé le devoir dans le cœur de l'infortunée ; elle s'éloigne avec effroi ; le comte presse, supplie ; inutiles efforts. Emma n'a pu cacher son amour, mais elle n'aura jamais à cacher sa honte. Tout espoir est donc perdu pour le comte s'il ne se décide à employer la violence ; il ne craint pas d'y avoir recours ; il fait un signe et les hommes apostés par lui saisissent la pauvre Emma et l'entraînent malgré ses efforts.

Péters que jusqu'alors la crainte avait retenu, s'armant d'un beau courage lorsqu'il ne voit plus personne, s'élance après les ravisseurs.

## SCENE XIII.

Fidèle à son rendez-vous, Louise vient recevoir les présens destinés à sa sœur. Carl ne tarde pas à paraître avec la précieuse corbeille dont par intérêt pour sa sœur et un peu par curiosité, la bonne Louise se hâte de faire l'inventaire. Carl est heureux à l'idée du plaisir qu'il espère causer à sa bien-aimée.

## SCENE XIV.

Péters accourt tout effaré. Louise et Carl l'interrogent. Encore troublé par l'inquiétude, la frayeur et la course rapide qu'il vient de faire, il ne peut répondre. Il se remet cependant et raconte à Carl ce qu'il a vu ; il ajoute qu'une voiture placée à peu de distance de la maison a reçu la malheureuse Emma évanouie dans les bras de son ravisseur, et s'est éloignée avec la rapidité de l'éclair ; il a voulu l'arrêter, appeler du secours, quelques coups de fouet vigoureusement appliqués l'ont forcé à lâcher prise ; il en montre encore les marques qui sillonnent sa joue.

## SCENE XV,

Louise a été chercher son père, et le ramène auprès de Carl. Le désespoir du vieillard, en apprenant son malheur, ne peut se comparer qu'à la fureur du jeune homme. Tous deux vont aller au château. Plusieurs garçons veulent le suivre ; mais Carl les devance tous et s'élance seul vers le château. L'ardeur de la vengeance se lit dans ses traits. Il sort en courant. Tout le monde le suit.

FIN DU PREMIER ACTE.

# ACTE SECOND.

——



*Le théâtre représente un riche salon ouvert, donnant sur les jardins du château.*

## SCENE PREMIERE.

Retenue prisonnière au château du comte de Saldorff, Emma est sans cesse poursuivie par les protestations d'un amour qu'elle partage sans oser se l'avouer à elle-même. Frédérick met tout en usage pour séduire la jeune fille et lui faire oublier et son vieux père et ses devoirs. Sermens, promesses, désespoir, larmes, rien ne lui coûte pour tromper la confiante jeune fille, qui, abusée par son cœur, espère encore être heureuse, et se persuade que son hymen avec Frédérick calmera la colère de son père et fera la gloire de ses vieux jours.

## SCENE II.

Le prestige du luxe et de la toilette achèvent de séduire Emma. Par ordre du comte, des pages apportent des bijoux et de riches vêtemens ; des femmes soumises aux ordres de la jeune fille, l'invitent à revêtir ces brillans habits ; elle y consent et sort avec elles.

## SCENE III.

Le comte reste enivré de son bonheur ; il veut s'en rendre digne : il jure d'être fidèle. Derrière lui son jeune page rit de ce serment faussé tant de fois. Frédérick se retourne, et tance vertement son page sur son impertinente incrédulité ; il lui ordonne de veiller aux préparatifs de la fête qu'il veut donner à Emma. Rodolphe obéit et les danses commencent devant Emma, éblouissante de beauté et de parure. — *(Divertissement.)*

## SCENE IV.

L'arrivée du jeune page vient interrompre la fête ; Rodolphe annonce à son maître que deux villageois demandent avec instances à le voir, et que, bravant les refus et les dédains, ils ont pénétré jusqu'à lui. Emma a deviné quels sont ceux qui osent se présenter ainsi chez leur seigneur. En effet, elle voit entrer son père et son fiancé. Accablée de honte et de remords, elle supplie le vieillard de lui pardonner ; il en est temps encore, Büller y peut consentir ; mais il faut qu'à l'instant elle quitte et ces lieux et les vêtemens dont elle s'est parée. Il faut que pour jamais elle renonce à son sé- ducteur. Ce sacrifice seul est au-dessus de ses forces ; car elle adore Frédérick ; elle se dégage des bras de son père pour se réfugier dans ceux de son amant, qui, fier de son triomphe, ordonne au vieux Büller de partir ou le menace de le faire chasser honteuse- ment. Emma évanouie ne voit point cet outrage ; mais le vieillard, furieux d'un tel affront, maudit sa fille, et sort avec Carl. (*Tableau.*)

## SCENE V·

Emma, maudite par son père, s'abandonne au plus violent dé- sespoir ; elle n'a plus rien à espérer que de la tendresse et de la générosité de Frédérick, qui s'empresse de la rassurer et de calmer ses craintes et sa douleur. Il jure de la défendre et l'adorer toujours.

## SCENE VI.

Le page du comte vient lui annoncer qu'un courrier, porteur d'un message, demande à lui parler. Frédérick ordonne au jeune page de s'emparer de la lettre dont il est porteur. Son trouble qu'il ne peut cacher alarme la tremblante Emma ; elle s'inquiète, inter- roge son amant, qui ne peut lui répondre, et saisit avec empres- sement la lettre que lui apporte Rodolphe.

La lecture de cette lettre augmente le trouble de Frédérick ; il ne peut plus cacher son embarras. Emma connaîtra l'affreuse nou- velle. Cette lettre lui annonce l'arrivée de sa mère et de sa jeune fiancée ; quelques instans encore elles seront au château. Cette nou- velle est un coup de fondre pour Emma. Il faut fuir ; c'est l'ordre de Frédérick ; Emma résiste, mais le temps presse, la comtesse est sur les pas du courrier, elle arrive; il n'y a plus un instant à perdre. Le comte force Emma à se cacher dans un cabinet.

## SCENE VII.

La comtesse de Saldorff, heureuse de revoir son fils, reçoit avec joie les marques de sa tendresse, et pour l'en récompenser elle lui présente la noble et belle Laurenza, qu'elle espère bientôt appeler sa fille. Cete vue est un reproche pour Frédérick, qui témoigne ses craintes et son repentir, en jetant ses regards sur le cabinet qui renferme celle à qui il vient de jurer fidélité éternelle. La comtesse s'aperçoit de son embarras. Le coupable amant se défend mal et son trouble ne peut plus échapper à sa mère et à sa fiancée. Toutes deux brûlent d'en connaître la cause. Ce cabinet semble renfermer un mystère qu'elles veulent pénétrer. La comtesse ouvre le cabinet, et demeure frappée d'étonnement et d'indignation en apercevant la pauvre Emma, qui, hors d'elle-même s'élance aux pieds de son amant, lui rappelle ses promesses, et vient avec tout l'égarement de la passion, réclamer ses droits en présence de Laurenza. La noble demoiselle indignée veut se retirer et abandonner l'ingrat qui l'a trahie; mais le comte la retient. Emma, qui a vu ce signe, a compris son malheur. Elle était donc trompée; Frédérick en aimait une autre; il ne lui reste plus qu'à mourir. Mais ce n'est pas assez : l'inflexible comtesse veut ajouter l'outrage à la douleur qui accable la pauvre fille. Elle appelle ses gens, et fait chasser ignominieusement l'infortunée. Tandis qu'on exécute cet ordre barbare, elle unit son fils et Laurenza, et bénit cette union. Emma tombe évanouie. (*Tableau.*)

FIN DU DEUXIÈME ACTE.

# ACTE TROISIÈME.

———

*Le Théâtre représente une riche campagne. Au fond, à gau-
che, sur une colline élevée est une église gothique ; vis-à-vis, une
croix de bois sur un tombeau. Au deuxième plan une vieille chaumière ; à droite, et presque en face, la ferme de Carl ; plus haut,
du même côté, un bosquet, une table et un banc de pierre.*

### SCENE PREMIERE.

Au lever du rideau, Emma , agenouillée devant la croix , la tête
courbée sur sa poitrine semble abîmée par la douleur et le chagrin.
Ses yeux cependant se lèvent sur le signe sacré qu'elle semble implorer. Des sons joyeux se font entendre, ils annoncent l'arrivée
des villageois qui se rendent à leurs travaux ; Emma voudrait fuir
leur présence ; mais où se réfugier ? Qui voudra donner un asile à
la fille maudite ? Dieu seul ne la repoussera pas. C'est lui qu'elle
invoque, agenouillée aux pieds de la croix qu'elle embrasse avec
force.

### SCENE II.

Péters sort de la ferme, va se mêler aux villageois dont il partage
les travaux et disparaît avec eux.

Bientôt paraît Büller, accompagné de Carl et de Louise. Tous
deux font de vains efforts pour ramener la paix dans le cœur du
vieillard ; ils ne font que réveiller sa douleur. Carl l'engage à prendre possession de l'asile qu'il a bien voulu accepter chez son gendre.
Le malheureux père s'y laisse conduire machinalement.

### SCENE III.

Louise s'afflige de la douleur de son vieux père qu'elle suit des
yeux jusqu'à la ferme. Au même moment, Emma , qui s'est relevée,

vient d'apercevoir sa sœur; elle veut se jeter dans ses bras; mais elle craint d'en être repoussée. Louise a reconnu l'infortunée qui s'arrête, chancelle, et suffoquée par la douleur tombe sur le sein de sa sœur. Louise l'y reçoit avec bonté et le cœur d'Emma renaît pour un instant au bonheur. Elle vient, dit-elle, implorer son pardon ou mourir. Louise lui fait entrevoir qu'il sera impossible de l'obtenir. Emma reste accablée, baisse la tête et pour la première fois remarque les riches vêtemens qu'elle porte encore; elle jette un cri et supplie sa sœur de changer cette livrée du déshonneur contre les simples habits qu'elle n'aurait jamais dû quitter. Louise s'empresse de céder à ce désir et la fait entrer dans la chaumière.

## SCENE IV.

Arrive Péters portant un grand panier qu'il veut mettre dans la maisonnette. La porte en est fermée et Louise a eu soin d'en retirer la clef. Elle reparaît bientôt portant un paquet; l'amoureux Péters en la voyant ne songe plus qu'à elle, et posant à terre son panier, il veut se charger du fardeau, celle-ci accepte et lui dit de le porter à la ferme; Péters enchanté exécute cet ordre, et profitant du moment où il ne peut la voir, Louise ouvre la porte, entre dans la cabane et s'y enferme, au grand mécontentement du jaloux Péters, qui soupçonne un mystère et pour l'éclairer court chercher Büller et Carl.

## SCENE V.

Louise ne tarde pas à sortir de la cabane, et, de son côté, Péters ramène aussitôt Carl et le vieillard. Péters veut pénétrer dans la chaumière dont Louise a fermé soigneusement l'entrée. Nouveau refus de la jeune fille, nouvelles instances de Peters, auxquelles se joignent celles de Carl et de Büller, qui invitent Louise à se débarrasser de son importunité. Louise contrainte de céder aux ordres de son père, le prie de faire éloigner Péters qui sort en dépit de ses désirs curieux.

## SCENE VI.

Inquiète et tremblante, Louise conduit son vieux père vers la maisonnette. En ce moment la porte s'ouvre et laisse voir au malheureux vieillard, Emma, sa coupable fille, agenouillée et suppliante devant un père irrité, et implorant son pardon. (*tableau.*)

## SCÈNE VII.

La vue d'Emma a rappelé dans le cœur ulcéré du vieillard, le sentiment de sa honte et de son déshonneur; il demeure inflexible aux larmes et aux supplications de la seule fille qui lui reste, de l'innocente Louise. Emma, toujours à ses pieds, l'implore en vain, il la repousse avec fureur et la maudit une seconde fois! Ce nouvel anathème a frappé de terreur tous les spectateurs de cette scène affreuse.

Emma, la malheureuse fille, accablée par tant d'émotions, épouvantée de cette réprobation d'un père, succombe sous le poids de ses maux; sa raison s'égare. Un affreux délire vient renverser ses traits. Elle méconnaît ceux qui l'entourent, son père lui-même; elle le repousse, elle le maudit à son tour!...

Mais la cloche s'est fait entendre : elle écoute, elle sourit; le bonheur renaît sur son visage — elle est radieuse! — Ecoutez! c'est la cloche de l'église! Elle sonne mon mariage avec Frédérick, mon noble amant! Mon père me pardonnera... Il révoquera son double anathème qui me tuerait! Et mon père ne veut pas tuer son enfant, son Emma, qu'il a tant aimée!...

Le vieillard n'y peut résister; il va bénir sa fille; il s'approche; elle le repousse avec horreur et s'élance vers le fond de la scène. Un cortége nuptial s'avance vers l'église; — Emma a reconnu les époux car pour un instant sa raison lui est revenue... Le marié est le jeune comte Frédérick de Saldorff, la fiancée est la noble et belle Laurenza!... Emma jette un cri terrible; elle veut s'élancer vers l'église, ses forces l'abandonnent, elle tombe dans les bras de son père et de sa sœur — elle expire!

*Tableau général.*